고공 김리원 령영시집 02

영혼의 삼현

김리원
지음

이화문화출판사

영혼의 삼현

◎ 77수 : 4844자

초판발행 : 2015년 8월 25일
재판발행 : 2015년 10월 30일
지은이 : 영혼청풍박사 고공 김리원
010-8896-8698
발행처 : 이화문화출판사
서울시 종로구 사직로 10길 17(내자동)
02-738-9880 (대표전화)
02-732-7091~3 (구입문의)
02-725-9887 (팩스)
www.makebook.net

기획편집 : 박휘종 | 디자인 : 모유정

ISBN : 979-11-5547-182-1 04810
979-11-5547-184-5 04810 (전3권 세트)

정 가 : 9,000원

★… **영혼의 시집은 남자 얼굴 칠성 여자 얼굴 칠성을 위시하여 해원·해탈·환생을 요해 칠칠로 시를 씀** …★

령 시 讚

세상에 최초가 되는 령영의 영파 시인이 대한민국에서 태어나 이천만 년의 사람 탄생 이후에 을미년이 되어 처음으로 새롭게 태어나는 지구촌 사람을 위해 영령의 혁명으로 성현님의 자격으로 이 땅을 지켜달라는 간절한 영파의 시인이 영혼에게 시를 올려 지구촌 새로운 삶에 구조로서 극락정토를 원을 세워 놓고 백일기도와 49제를 39위의 영혼님들께 지성정신을 다 바쳐 새벽 2시에 영혼님께 기도하며 시를 썼다니 찬사를 어찌 안 하리오.

우리의 조상님, 인류의 조상님, 순국선열, 구국열사, 충의열사 이 모두를 위한 시이니 감탄을 자아내며 고공 김리원 시인의 무궁한 영파 시인이 되길 기원합니다.

2015년 8월

동국대학교 전 총장 신 국 주

추모시讚

추모행사에서 혹 시를 낭독하는 것은 있으며, 만사기와 영혼에 명복을 비는 방법으로 불교는 천도, 기독교는 추모, 유교는 제사, 영혼에 대한 그리움에, 영혼에 대한 존엄성에, 영혼에 대한 사모에, 영혼에 대한 위대한 업적과 나라와 민족에게 바치는 영령님에 위대한 정신에, 사상 철학 사람에 대한 진실된 진리로서 어느 민족이든 어떤 방법이든 조상님 순국선열 구국충혼 호국영령에 대한 일체의 모든 행사가 있으나 령영에 대한 시인은 최초라서 무궁한 발전과 영혼님에 새로운 혁명이라고 생각하며 시찬을 합니다.

2015년 8월

원로 장로회 회장 97옹 백 은 기

시 禮 讚

나로서는 세상에 태어나 92세 되도록 영혼에 시화를 그려 본 것이 이번이 처음이며, 영혼시화는 세상에서 최초가 아닌가. 사람과 영혼은 결국 둘이 아님을 볼 수 있으며, 영혼의 시인이 이 땅에 태어나 영혼은 빛의 세계라 단언하여 시로써 령영님을 대화하며 시를 쓴다니 참으로 신기한 일이며, 영혼의 시는 영혼들이 이 땅에 오실 때 성현님의 자격을 다해 태어나 주길 바라는 시가 되니 더욱 빛나는 시라고 느끼며, 영혼 혁명 수구촌 찬란한 극락정토 발원하며, 고공 시재 김리원 시인의 무궁한 발전을 심원하며 시찬합니다.

2015년 8월

92옹 노화백 우암 황 천 복

영혼의 시, 생명의 시

영성시인 고공 김리원의 시는 영혼이라는 큰 주제를 가지고 아름답고 고귀하게 써내려간 헌시이다. 영상매체와 전자매체가 발달한 현재의 디지털 세상에서 아직도 미지의 세계로 남아 있는 영혼(soul)의 세계! 그 누구도 함부로 쓰기 어려운 주제를 고공시인께서는 강물에 물 흐르듯이 자유롭고 평화롭게 시를 써내려가고 있다. 서슬 푸른 죽음의 늪에서 그는 생명과 환희의 인연을 바라는 이분법적 문장서술을 통해 독자들에게 추리와 감성 그리고 만남을 시 전편에 깔고 있다. 중심 글감이 영혼이라는 큰 틀 속에 슬픈 영혼의 무리를 달래어 큰 축제를 연다. 축제는 영혼 위로이거나 영혼 해탈이라는 소재일 것이다. 본디 문학은 세상을 기록하는 매체이며, 또한 세상을 사는 사람들의 일기이기도 하다. 이런 주변인의 삶을 조명하고 사색하게 만드는 것이 문학인의 사회적 사명이기도 하다. 삶과 죽음 그리고 영혼이라는 세계를 가장 잘 표현하고 아우르는 작가가 고공 김리원 작가이다. 앞으로도 무거운 주제를 새털처럼 가벼운 일상의 열풍으로 돌아오기를 바란다. 시집 출간을 환영한다.

2015년 8월

문학평론가, 대학교수 유 재 기

목 차

목 차

목 차

영혼의 삼현

이루어지리다
님들의 모든원이

떠오르는 태양처럼

풀어 드리오니
님들의 원통원한

하늘의 부름을 받이어
영혼님들이시여

아홉구멍 자리한
그곳이 어디인가

구심처

마음하나
올고도
자자모안
가야할길
하늘높이

한길이
올곧만
마음에
바로나
닦아펴져

존경국

삼천대천세계
넓고도 넓으나

삼십구위 영혼님들
존귀하고 존귀한맘

후손들아 알고 있는냐

은비영

날아라 은하세계여
넓은 날개에

위대한 뜻을 받들어
펼쳐 오르니

하늘의 높은 기상
온누리 빛이 되시었네

삼 영 혼

삼세에 거친
나의 업이 그리도 많았던가

밝고도 밝은 빛
볼수 없으며

넓고도 넓은 땅
자리할수 없으니

서럽고 서러운 눈물
솟구치는구나

영상천

초연한 그자리
나는 오르려 한다네

그때 그님들
나는 애태워 했다네

그때 그날을
나는 그리워 했다네

영광

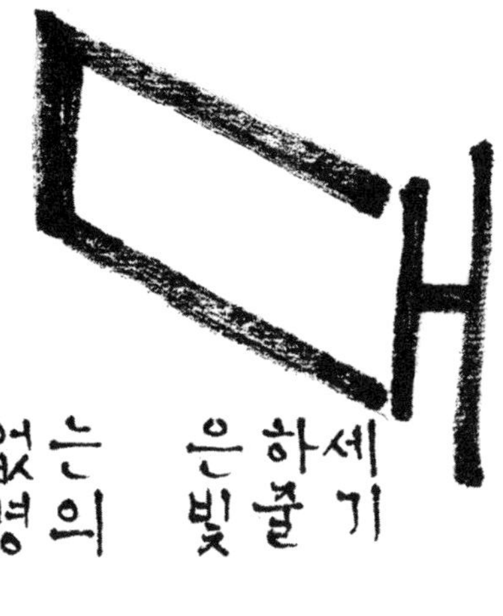

끝없는 은하세
광명의 빛줄기

이땅에 비추어
새생명 탄생하니

새로운 역사에
거룩한 그뜻이
영생불멸 하리네

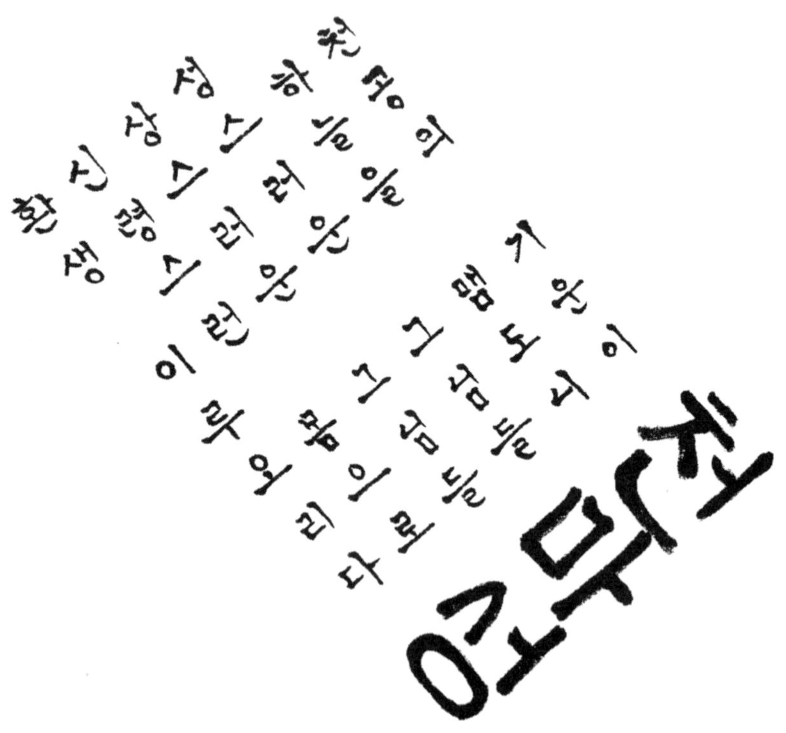

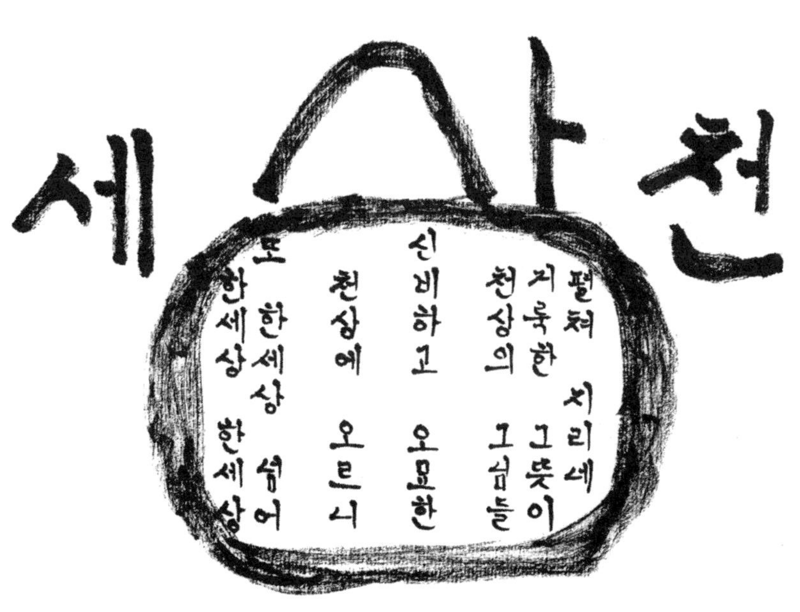
세상천
펼쳐 지리세
거룩한 그뜻이
천상의 그섬들
신비하고 오묘한
천상에 오르니
또 한세상 섞어
한세상 한세상

계도영

그 뉘의 한이련가
위대한 그 숨소리
산하를 뒤흔드니

쏟아지는 폭포수
깊고 깊은 산천에

牛岩
黃天福印

높고 낮음도
많고 적음도
길고 짧음도

평상심도 분별심도 없는
본래의 그 자리

나의 자리가 아니련가

에세지

치구촌 영혼님
세심에 물밝혀
신성하고 신령스런
맑고밝은 몸으로
한평 하셨음이네

서러운 삶이여

지는해가 있어야
밝게 떠오르듯이

세세생생 지은업
각성하고 각성해

영성의 길 찾아가려네

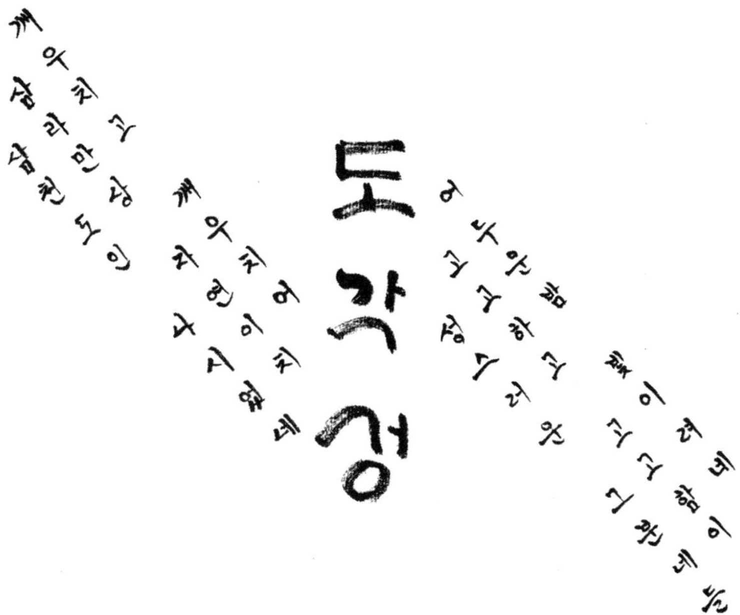

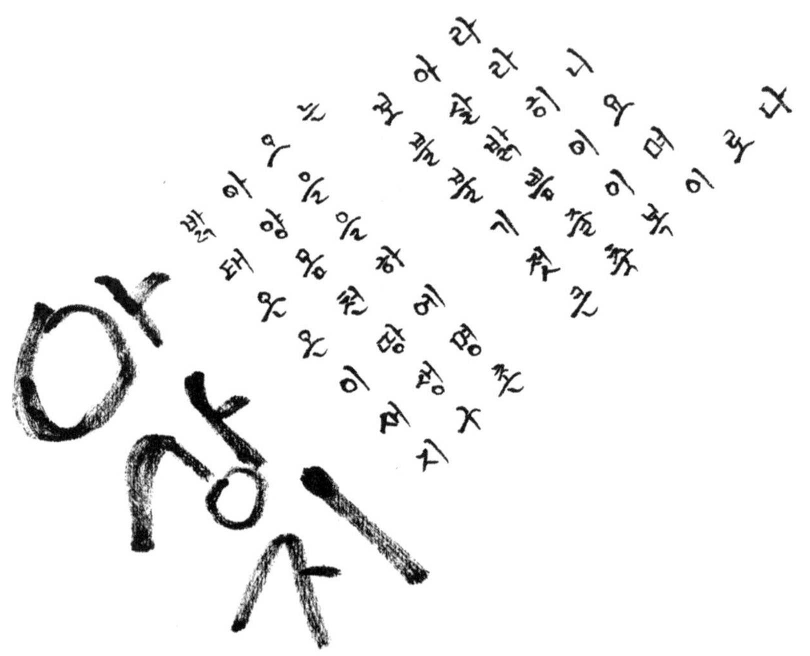

떠오르는 태양이셔라
그님들 그뜻이
하여와 같은
우뚝선 그님들
광활한 바다

영 라 음

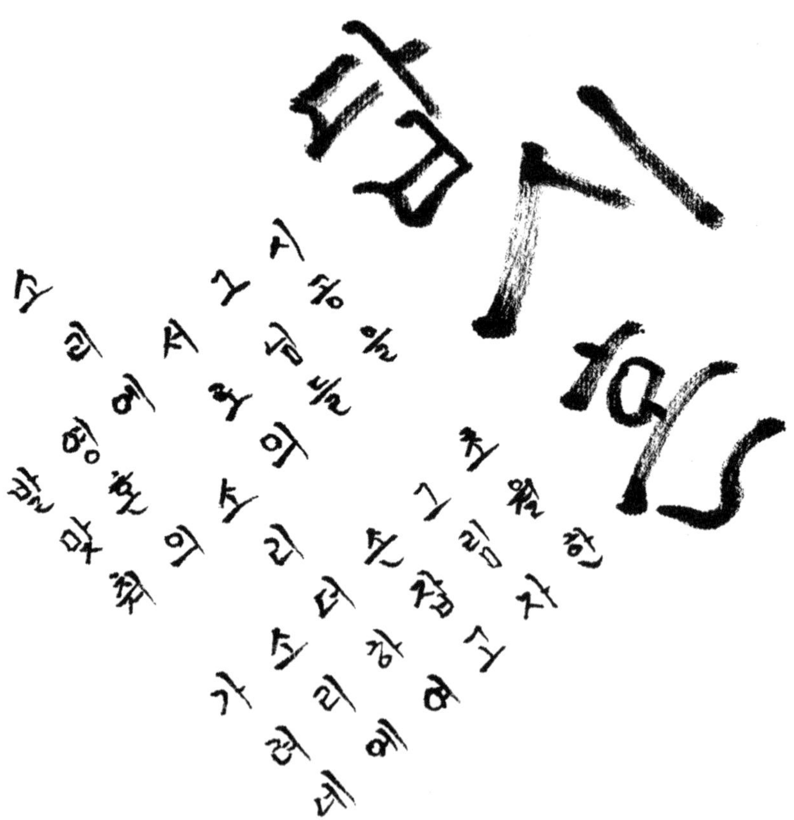

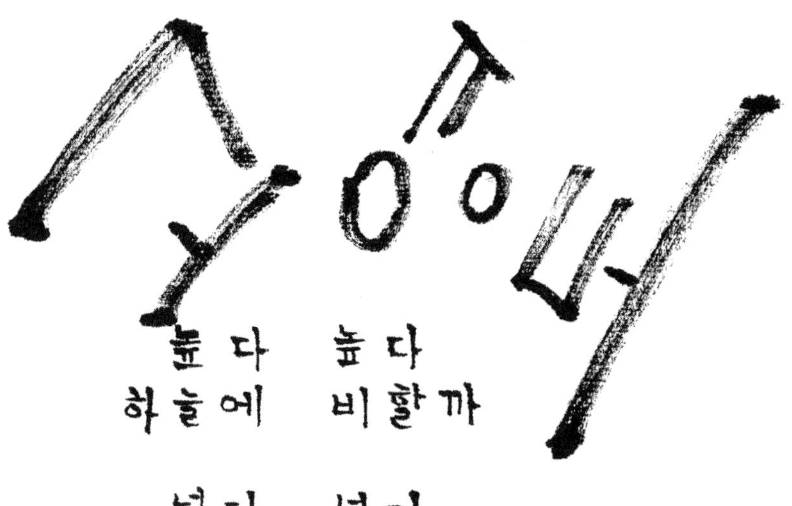

높다 높다
하늘에 비할까

넓다 넓다
바다에 비할까

높고도 넓은
맑고도 맑은

영혼님 그 마음
후손들 참복이려네

찬란한 빛되시려세
영혼님 그 뜻이
식히고 식히시니
삼생의 모든 업
지구촌 영혼님
가시렵니까

가촌

장하다 후손들아
모정의 힘을모아
숭조심 기리는맘
천하제일 고고한
천하제일 뽐내는
한마리 학에 비할까

오 영혼

오로지 영혼님 생각
오로지 숭조님 생각
오로지 충혼님 생각

그저시 그마음
혼심혼혈 다해

하늘높이 추앙하나이다

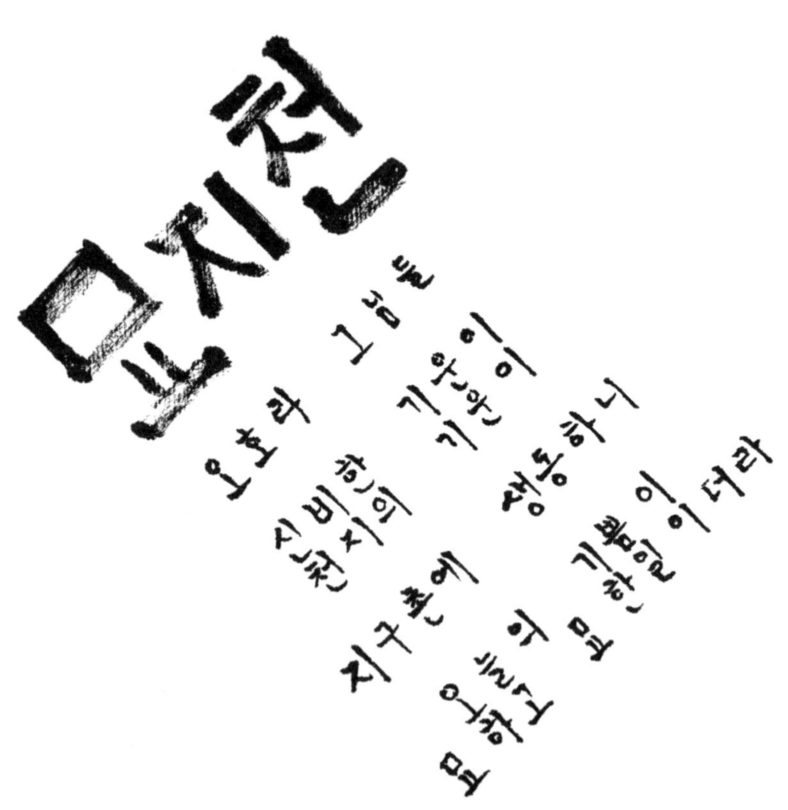
모시전
지구촌에 생동하니

한아흔

한터전 일구어
　한민족 위함이
　이리도 아름다웠던가

혼신을 다하여
　그날에 다함이
　이리도 큰기쁨이었던가

곳도사

가는 곳 님발자욱
광명의빛 찬란하셔라

동서사람 그님들
맑고밝은 그님들

향기 가득하시려네

이성영

이어가세 이어가세
조상님들 고귀한뜻

이뤄가세 이뤄가세
순국선열 국운창성

이땅위한 진실한맘
하루속히 이어가세

오색빛 찬란한
숭고하신 그님들
무대광변 그세계

오늘에야 깨달아
참진리
찾아 가려네

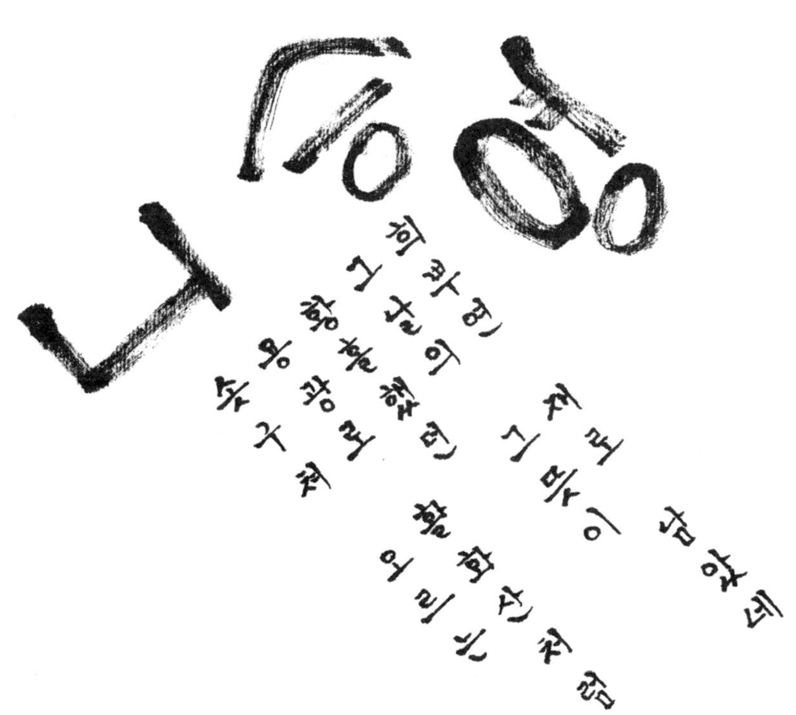
희뿌연 저로 금았네
그늘이 그믓이
황홀했던 활화산처럼
용광로 어리는
솟구쳐

영가님

가는곳 어디메요

인간세 원통원한
무수히 많더라만

미래세 신성한몸
받들고저

원통애혼 풀고가오

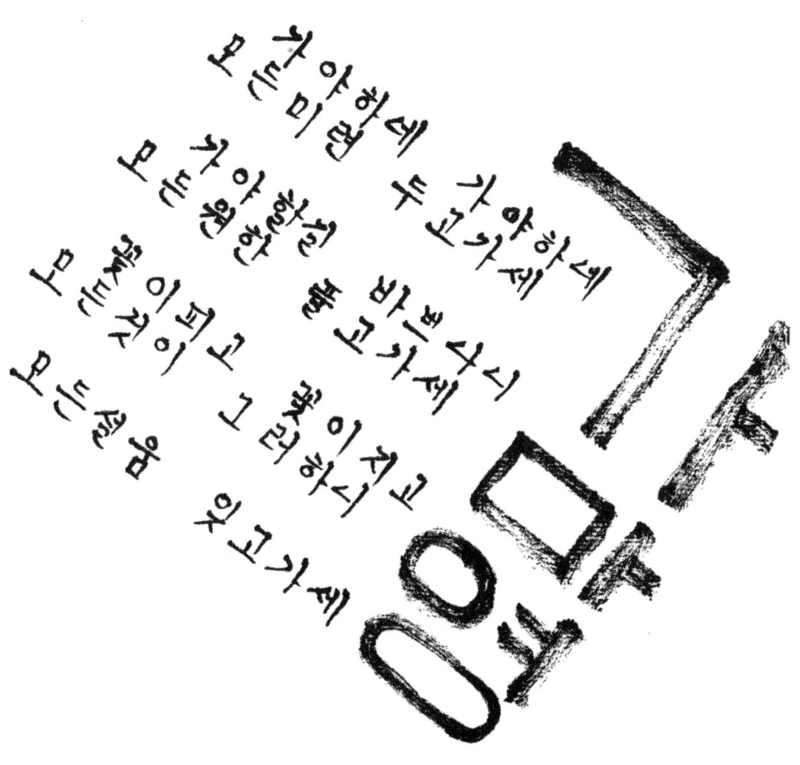

가야하네
모든 미련 두고 가세
모든 설움 잊고 가세

님이여

그토록 불러보건만
그토록 헤매였건만

그리운 그님소식
이제야 소식오네

님이여!

들사자

들어도 보고
　보고도 듣고

두루십방 빛의소리
　자성속에 빛이나니

빛속에 빛이 되도다

이도영

이토록 그리웠던가
그리도 보고팠던가

한생명 한세상

삶과 죽음이
하나인 것을 이제야 알았네

시공을 초월한
그때의 그날을
하늘은 알고 있을까

여시각

기쁨 넘치더이다
숨쉬는 두개의 구멍이
내게 하시니
하나의 입으로 참소리
하시며
두귀 빛의소리 듣게
하시고
두눈 밝은빛 보게
칠성광명이시여

승 고 하 고　승 고 하 신

조상님들　지극한맘

남아있는　후손님들

천추만대　기쁨이시

어 이 하 여　보 답　하 리 올 까

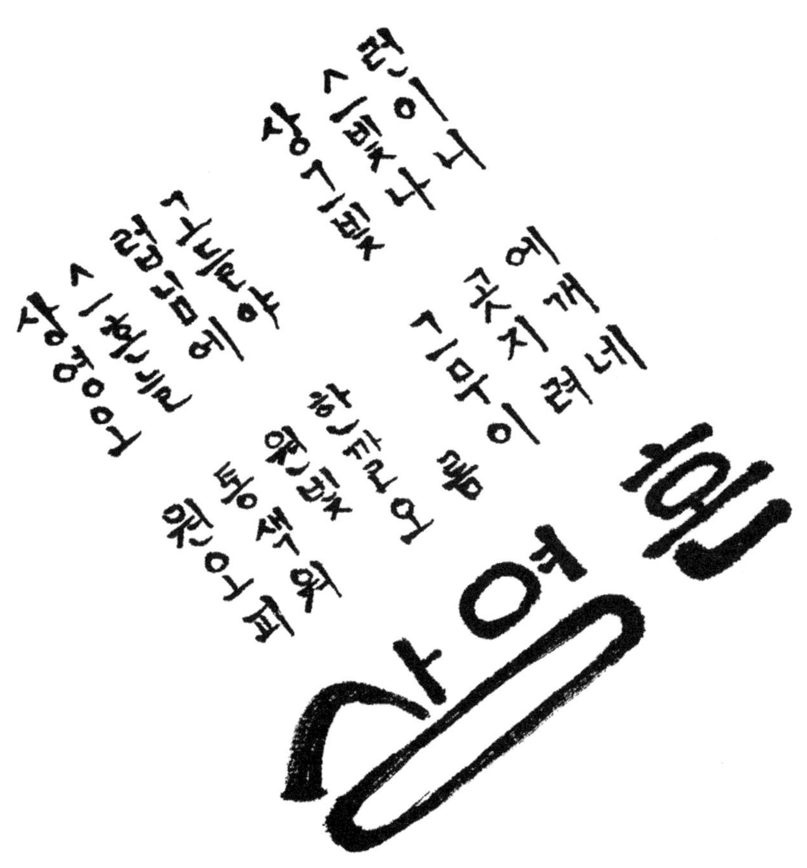

한없이 고요해짐이려네
아름다운 그때그날
황홀했던 그님품속

떠오르는 태양에 비할까
우리님들 밝고 고운빛
저녁노을 곱고 고우나

님황혼

[illegible]

새생명 이 아침이 세상을
온세상 이 화평이 사랑
아름다운 이 평화함

진광 속에 꽃이 사시
세찬 다감 이 얼고
어리고 영린 이 [illegible] 송이

이때에

그리움을 소리련가
한줄기 빛의소리
이때에

울부짖음 끝이없네
지친에

신음소리 들리우니
온산천

시
용 각

봄의기운 상승하니
만물상생 이루웁고

솟아나는 영혼의힘
깨달음의 길을가니

해탈의문 열리려네

여여시

나는 들었네
그님들 그소리

나는 보았네
님들의 위대함을

천지를 진동하며
천지를 호령하는
님들의 숨은기상
아~님이시여!

이 봄에

때가되니 버드나무
물오르고

때가되니 온산천
꽃이 만발하며

때가되니 천지광명
밝아옴이네

땅이름

하늘 땅 구름
있으메

산천에 흐르는 물
있소시

갈고없는 우리심믈
하루속히 명 찾이오리다

에세지

삼천대천 세계

삼라만상 온 은계

지구촌 그 숨들 그 세계

우러러 그 꽃 숨이여 들 그 빔이

이제야 꿈 하시세

훈 영 오

오시었사요

그섬들 그뭇이
온인루 평화이루시

영원한 그섬들
오색찬란한 그빛이
끝없는 생 이루오리세

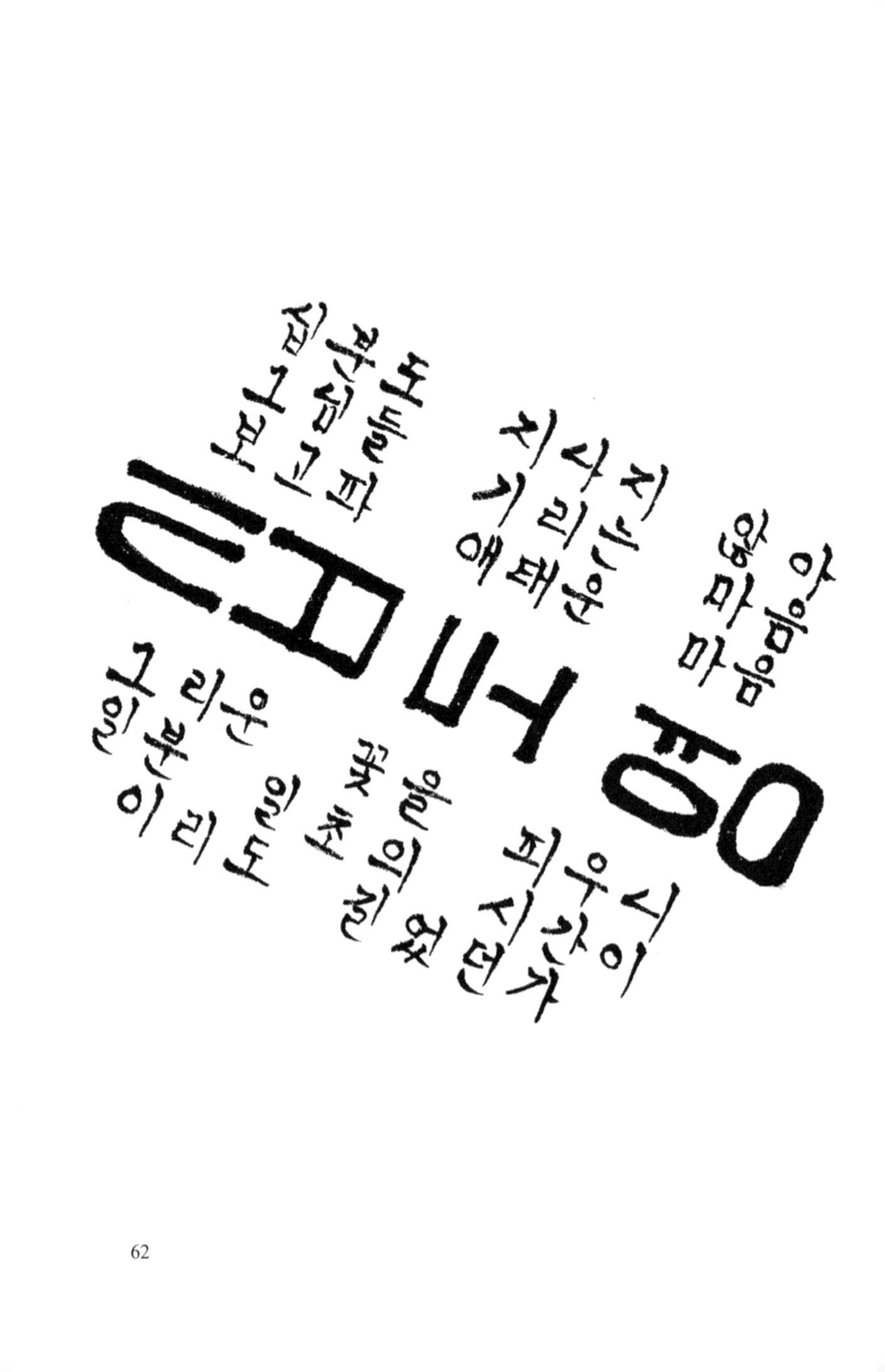

순국선열 그님들
조국위한 그님들
국운창성 그님들
호국위한 그님들

숭고하고 숭고하신
그곳에
찬란한 빛으로
발하시었네

시 시 각

요지경

세상이 변하고 변하여
요지경이다 하여

거룩한 우리님
기리는 지극한 마음
변할가보냐

저 하늘

주시려네
빛이되어
후손섬들
삼아있는
돌고돌아
허공속에
고통소리
셀수없는
꽃을피니
민족의한
순결한맘
나라위한

희미한

불어주누나
그님들 그곳을
울부짖는 그몸짓
소리없는 아우성
그님들 그소리
들리느냐

후의성

빛으로 오신 님이여
그님들 발자욱 소리

꽃마중 하느니

몇백년 고목에 꽃피우고
가뭄속 단비이려네

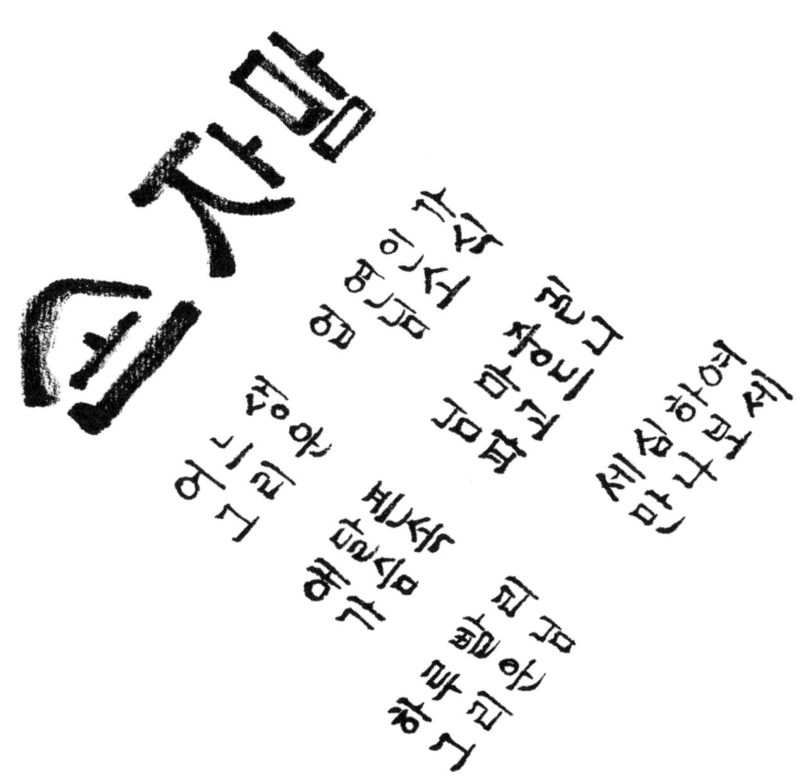

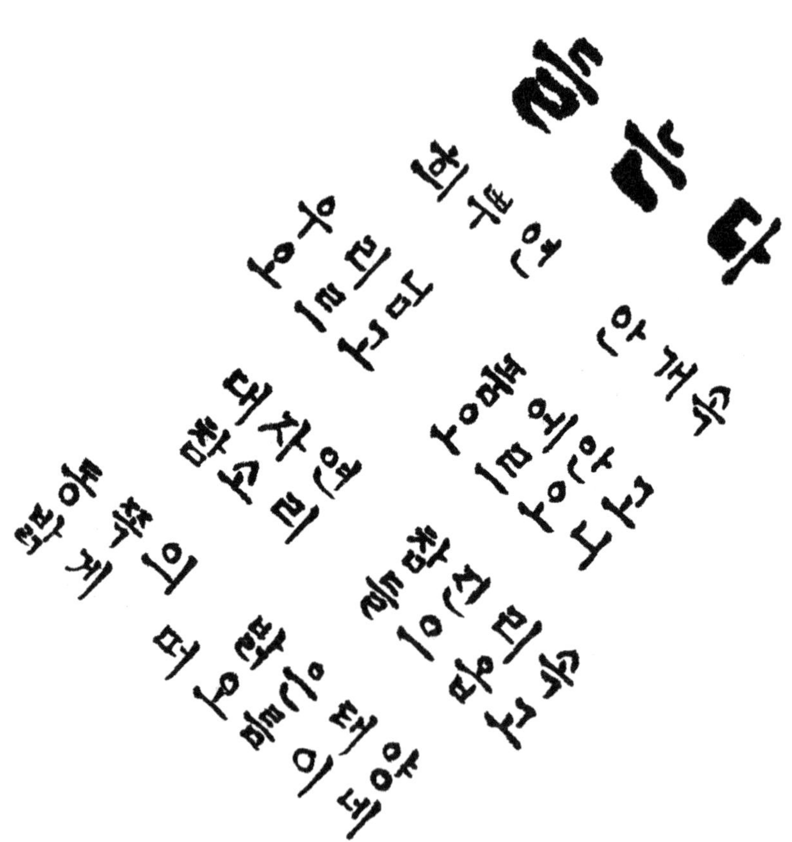

은하수

하늘의 푸르름
들곱기 삶이 버다
저~구름에 가리니
한 많은 삶들이
수많은 세월 속
구름이여
가려라
태양이여
보아라

신비꽃

오늘의 삶
잔잔한 파도이려니
두려움 내지 말지며
삶속에 삶있듯
출렁이는 파도속
고요함뿐이려네

성타심

청정한 빛이 시려네
저~푸른 하늘의

마음
후손위한 지극한

가득하오니
은하계 향기

그 뜻
님들의 찬란한

저~향불처럼
피어나는

영혼십이시여

하고픈

그 무 얼 찾 아 왔 던 가
홀 연 히 떠 난 그 님 들
겹 겹 이 쌓 여 진 그 뜻 이
소 리 에 소 리 를 더 하 니
꽃 으 로 만 발 하 시 려 네

고을 낯

서려 있을 터
수많은 한이
수많은 고통
수많은 세월
자리함을
저~ 고목의
보아라

긴 동지

밤 고서 화롭구 다아고

아름다우고
상큼함이네

소리가 응이
임

이 이
파란 입말

령영다

그러하려네
그놈들 그뜻이

마음껏 뽐을내니
개울가 버들강아지
겨우내 움츠렸을

저~생명의 소리들
들리는가

하늘땅 기쁜소식
그님들 들려주니

참혹했던 그시간들
오늘날에 꽃을피고

그님들 고귀한뜻
삼생을 울리우니

미래세 광명의빛
끝이 없음이네

러시아

꽁꽁 얼었던
빙하의 소리도

어느새 따뜻한
봄날을 알리고

매서운 바람마저
잔잔한 호수가 되니

뽕긋이 피어나는
그님들 그소리

허공에 가득하려네

오늘도 한창이더라
노오란 산수유
바람에 날리시
우리님 그리워
황홀한 빛을안고
청정한 하늘아래

운하도

분자영

아름드리 푸르른
저 소나무

기나긴 세월에
한터전 이루니

삼십구위 충혼님
고귀하고 고귀한

한 생명
빛으로 밝하셨네

참혹하단 말인가
그리도
자손위한 마음이
이땅위한 마음이

으로 차

찬란하다 빛이여
아름다운 지구촌
붉은빛이 웬말인가

다

찬란한 꽃피웠다네
개혁의 개혁이루어
그날의 그뜻이

이

핏빛이 웬말이며
푸르던 초목에

산천을 울리나
그님들 그뜻이
돌아라 삼팔선

로

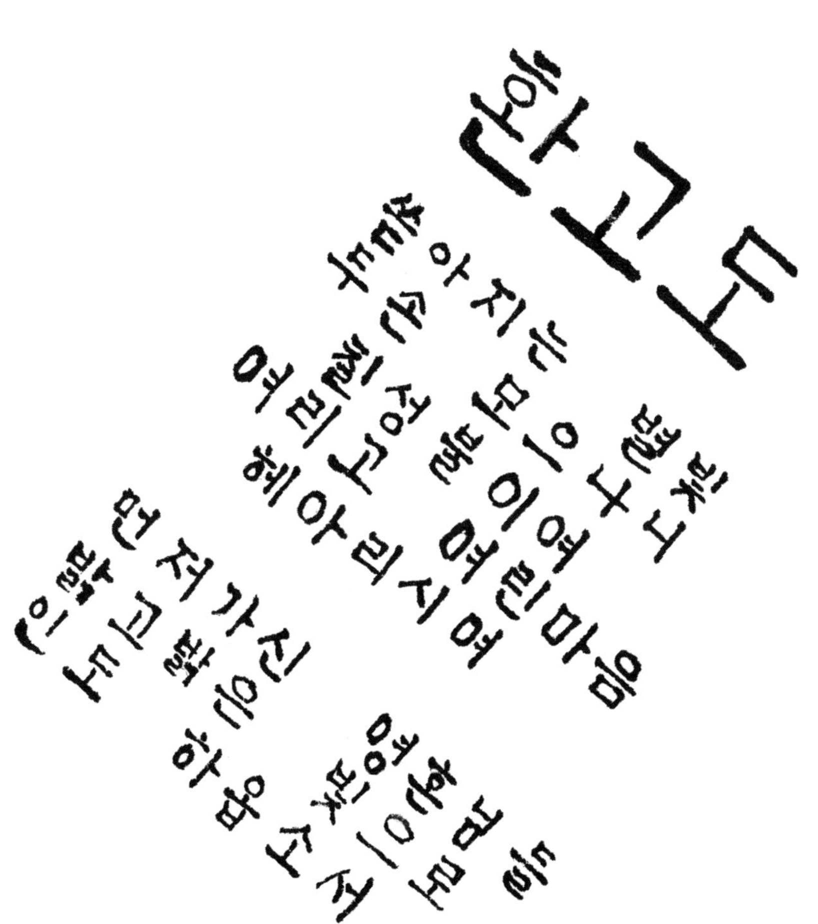

생명찬

곱고고운 그님 목소리
바람따라 구름따라

흐르는 세월은
시공간 초월하여

어느새
삼천대천 세계
오색빛깔 무지개
피어 오름이네

파

저~ 구름에 띄워보냄을

너는 아느냐

바람아 바람아

우리님 애달픈 소리

너는 아느냐

바람아 바람아

하고

시 들 지

도솔천 흐르는물
하도나 고우니

한맺힌 그넘들 그한
식히고 식히어

천신들 보호아래
오르오리라

서

풀어지이다
오늘살 그님들 그한이

소

나날이 기쁨 더해가고
이땅에 자리한 우리님들

읍

천공의 기운 상생하시
천지의 만물 상생하여

길이다

어두운 밤하늘
별빛이로 수놓이니
가시는 그님들
자욱자욱
빛을 주시고
청정한 그님들
세심의 꽃피웠네

기 도 성

뜨거운 태양의빛
오뉴월에 꽃피우며

그님들 진실한맘
암흑세 빛이되어

이나라 이땅에
새힘이 솟아오려네

도인영

사랑하는 자손들아

이한몸 불살라
저허공에 띄우어

저지른 메마른 땅
옥토의 꽃피우니

숭조하는 진실한맘
잊지말고 사시려네

나
로
영

다 은하계로부터

함 수구촌에

영혼님들

새혁명의 새로운 빛이

밝아온다.

여

작가후기

효를 다하기 위하여 혼이 되신 영가님,

나라를 위하고 충성을 다하다 혼이 되신 영가님,

책임을 다하기 위하여 그 예를 다하시다

혼이 되신 영가님,

수천 가지, 수없는 투병과 싸우다

혼이 되신 영가님,

억울한 누명에 혼이 되신 영가님을 위시하여 49제를 올리고 새벽 특별 기도를 드리며, 위없는 영령님의 명복을 심원 기도하면서 시를 낭독하시는 모든 분들의 역대 조상님과 선영님네의 큰 뜻을 담아 천도 극락 환생을 다함께 기원 드리는 바입니다.

또한, 영가 시인으로서 위없는 39위 영령님들은 물론 삼십조억조의 영령님들의 높고 귀한 뜻을 받들어 세계 인류에 삼천대천세계 우주 만유 인류 법칙으로 위대한 힘이 되시옵길 발원하는 바입니다.

2015년 8월

영성시인 고공 김 리 원